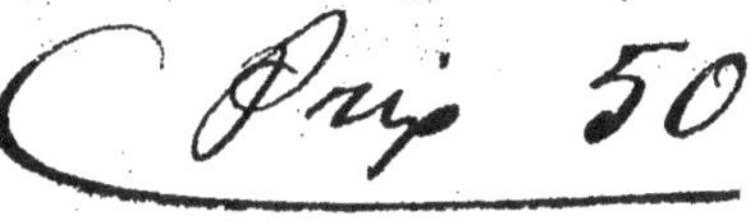

CIRCULAIRE

DU 31 JUILLET 1880,

AU SUJET DE

MODÈLES DESTINÉS A SERVIR DE TYPES

POUR LES CONVENTIONS

A PASSER AVEC LES

COMMISSIONS ADMINISTRATIVES DES HOSPICES CIVILS.

(Application de la loi du 7 juillet 1877 et du décret réglementaire
du 1er août 1879, sur le service hospitalier de l'armée.)

(Extrait du *Journal militaire officiel,* partie réglementaire,
2e semestre 1880, n° 39.)

PARIS

LIBRAIRIE MILITAIRE DE J. DUMAINE,

LIBRAIRE-ÉDITEUR,

Rue et Passage Dauphine, 30.

1880

CIRCULAIRE

DU 31 JUILLET 1880,

AU SUJET DE

MODÈLES DESTINÉS A SERVIR DE TYPES

POUR LES CONVENTIONS

A PASSER AVEC LES

COMMISSIONS ADMINISTRATIVES DES HOSPICES CIVILS.

(Application de la loi du 7 juillet 1877 et du décret réglementaire du 1ᵉʳ août 1879, sur le service hospitalier de l'armée.)

Le Ministre de la guerre notifie à MM. les Gouverneurs militaires de Paris et de Lyon, les Généraux commandant les corps d'armée, la circulaire ci-dessous, adressée pour exécution à MM. les Intendants militaires des corps d'armée et des régions de l'intérieur. (5ᵉ *Direction, Services administratifs, Bureau des Hôpitaux, des Invalides et des Lits militaires.*)

Paris, le 34 juillet 4880.

(Au sujet de modèles destinés à servir de types pour les conventions à passer avec les commissions administratives des hospices civils.)

Monsieur l'Intendant, comme complément des dispositions contenues dans ma circulaire du 13 octobre 1879, relative à la mise en application de la loi du 7 juillet 1877 et du décret réglementaire du 1ᵉʳ août 1879 sur le service hospitalier de l'armée, j'ai fait établir des modèles destinés à servir de types pour les conventions à passer avec les commissions administratives des hospices civils.

Ces modèles, au nombre de trois, s'appliquent aux établissements ci-après désignés, savoir :

Hospices mixtes ou militarisés,
Hospices proprement dits,
Hospices non situés dans des villes de garnison.

La rédaction des conventions définitives ou provisoires devra être renfermée dans le cadre de ces modèles, mais il est bien entendu que certains articles sont susceptibles d'être modifiés, suivant les besoins de la garnison et en raison des ressources des hospices civils.

Toutefois, ces modifications devront être aussi restreintes que possible, et je me réserve de les apprécier, lorsque la convention sera soumise à mon approbation.

En ce qui concerne l'enregistrement des conventions, mon collègue, M. le Ministre des finances, a décidé sur ma demande, qu'il serait effectué *gratis*, en vertu de l'article 70, § 2, n° 1, de la loi du 22 frimaire an VII.

Quant aux frais de timbre des mêmes conventions, au sujet desquels la loi du 13 brumaire an VII ne contient aucune immunité, ils seront payés, à titre d'avance, par les commissions administratives des hospices civils et remboursés à leur profit, au titre des dépenses diverses, sur les fonds du budget ordinaire du service des hôpitaux.

Les modèles de convention dont il s'agit ont été arrêtés d'un commun accord avec mon collègue, M. le Ministre de l'intérieur.

Signé : FARRE.

MODÈLE DE CONVENTION POUR LES HOSPICES MIXTES OU MILITARISÉS.

NOTA. — Dans le cas où la moyenne des malades traités dans un hospice mixte ou militarisé ne permettrait pas l'application entière des articles de la présente convention, des modifications y seraient apportées après accord préalable entre les commissions administratives et le contrôle local.

Toutefois, ces modifications ne devront pas avoir pour effet de sortir du cadre général de la convention; elles ne devront avoir pour but que d'en assurer l'application dans la limite du possible.

ᵉ RÉGION DE CORPS D'ARMÉE.

HOSPICE D

CONVENTION.

Protocole.

L'an mil huit cent   , le

   Entre :

Le Ministre de la guerre stipulant au nom et pour le compte de l'Etat, et représenté par M.   , sous-intendant militaire chargé du service des hôpitaux, d'une part,

Et la commission administrative de l'hospice, composée de MM.   d'autre part;

Vu la loi du 7 juillet 1877 relative à l'organisation des services hospitaliers de l'armée;

Vu le décret du 1ᵉʳ août 1879 portant règlement d'administration publique pour l'exécution de ladite loi;

Vu les circulaires explicatives des Ministres de la guerre et de l'intérieur, en date des 13 et 15 octobre 1879;

Vu le décret du 3 février 1880, relatif à la division des hospices en deux catégories;

Vu le règlement sur le service de santé de l'armée;

Il a été convenu et arrêté ce qui suit :

Classification de l'hospice.

Art. 1er. L'hospice d   est classé dans la
catégorie des hospices mixtes ou militarisés, en vertu du décret
du 3 février 1880, relatif à la division des hospices en deux catégories.

Obligation de recevoir et de traiter les malades.

Art. 2. L'hospice s'engage à recevoir les militaires malades
appartenant à la garnison, de passage ou évacués, ainsi que les
autres catégories de malades déterminées par le règlement sur le
service de santé de l'armée, dans les proportions et aux conditions
déterminées ci-après, et quelle que soit la nature de leur maladie.

Toutefois, les militaires donnant des signes d'aliénation mentale
ne sont reçus qu'à titre de mise en observation, leur évacuation sur
un asile spécial devant être effectuée, s'il y a lieu, dès que l'état du
malade est suffisamment constaté.

Nombre de lits à affecter aux malades militaires.

Art. 3. Le nombre des lits à mettre à la disposition de l'administration de la guerre est fixé à   lits, répartis ainsi
qu'il suit :

1° Pour les caporaux et soldats.. . . . .
2° Pour les sous-officiers. . . . .
3° Pour les officiers.. . . . .
4° Pour les officiers supérieurs.. . . . .

Division des malades par catégories.

Art. 4. Les malades caporaux et soldats, sont réunis par catégo·
ries de maladies, dans des salles distinctes de celles des malades
civils.

Ces catégories forment des divisions de malades qui compren-
nent :

1° Les fiévreux,
2° Les blessés,
3° Les vénériens.

Cette obligation n'est pas applicable aux officiers et aux sous-
officiers qui sont traités dans des locaux séparés.

Les détenus et consignés seront traités dans une salle spéciale
aménagée à cet effet, d'après les conditions imposées par le règlement sur le service de santé de l'armée.

Les malades atteints de maladies contagieuses seront traités dans
des salles spéciales.

Des dispositions seront prises pour isoler les ophtalmiques et les
placer dans les conditions nécessitées par leur traitement.

Bâtiments et locaux.

Art. 5. La commission administrative s'engage à affecter d'une manière permanente au service exclusif des malades militaires ou traités comme tels, les bâtiments et locaux ci-après :

I. — BATIMENTS.

(Désignation et description des bâtiments)

II. — LOCAUX.

La répartition des locaux situés dans les bâtiments ci-dessus indiqués sera faite de la manière suivante :

Nota. — Tenir compte autant que possible, des conditions de position et d'aménagement prescrites par le règlement sur le service de santé de l'armée.

1° *Salles de malades*.

Le nombre des lits fixés pour chaque salle permettra d'attribuer à chaque malade 40 mètres cubes d'air.

DÉSIGNATION des SALLES.	NOMBRE DE LITS A PLACER DANS CHAQUE SALLE.									OBSERVATIONS.
	Officiers supérieurs.	Officiers.	Sous-officiers.	Fiévreux.	Blessés.	Vénériens.	Maladies contagieuses.	Ophtalmiques.	Détenus et consignés.	
Toraux.......										
Total égal à la fixation......										

2° *Locaux accessoires.*

DÉSIGNATION des emplacements.	VESTIAIRE.	SALLE DE BAINS.		CORPS DE GARDE.	POSTE DU SOUS-OFFICIER de planton.	SALLE DE GARDE.	CABINET du médecin en chef.	COUR.	JARDIN.	LATRINES.		ETC., ETC.	OBSERVATIONS. — NOTA.—Ajouter autant de colonnes que les ressources locales le permettront, en restant dans les limites de la loi et du décret.
		Officiers.	Soldats.							Officiers.	Soldats.		

Les locaux accessoires ci-dessus spécifiés seront aménagés suivant les besoins qu'ils sont appelés à satisfaire.

Les latrines seront établies dans les meilleures conditions de salubrité, et seront toujours tenues dans le meilleur état de propreté.

Matériel.

Art. 6. Le matériel affecté au service militaire comprendra :

I. — MATÉRIEL DES SALLES DE MALADES.

Le matériel des salles sera fourni et entretenu par l'hospice ; il se composera de :

1° *Ameublement.*

PAR SALLE DE SOUS-OFFICIERS ET SOLDATS :

1 paire de grands rideaux à chaque fenêtre,
1 table pour le service journalier,
Poëles en faïence, suivant les besoins, s'il n'existe dans l'hôpital
    d'autres appareils de chauffage, donnant au point de vue des con-
    venances hygiéniques et de la production de chaleur des résultats
    suffisants,
1 tapis courant au milieu de la salle.

La composition de l'ameublement des chambres d'officiers sera
fixée localement entre la commission administrative et le sous-
intendant militaire et le détail en sera inséré dans la convention.

2° *Mobilier.*

PAR MALADE :

1 lit en fer,
1 paillasse contenant   kilog. de paille de maïs ou un sommier élas-
    tique,
1 matelas composé de
1 traversin de plume,
2 couvertures de laine,
1 table de nuit,
1 descente de lit,
1 planchette pour le repas,
1 planchette pour le billet de salle,
1 oreiller, suivant les besoins,
Accessoires nécessaires aux divers besoins du malade, tels que cra-
    choirs, chaises percées, etc., suivant les besoins.

3° *Vêtements.*

PAR MALADE :

1 capote en drap beige, ou d'autre nuance grise ou foncée,
1 pantalon en drap beige, ou d'autre nuance grise ou foncée,
1 paire de pantoufles.

Les capotes remises aux sous-officiers, caporaux et brigadiers
seront munies d'un signe distinctif de grade.

Les vêtements alloués aux officiers seront de même nature; mais
ils seront distincts et ne serviront qu'à leur usage. Ces vêtements
seront en drap bleu foncé et de qualité supérieure à celui employé
pour les soldats.

4° *Lingerie.*

PAR MALADE :

1 bonnet de coton,
1 chemise,
1 cravate,

1 caleçon,
1 paire de chaussettes de laine,
1 mouchoir de poche,
1 paire de draps de lits,
1 serviette de toilette,
1 petit sac de lit,
1 gilet de flanelle....⎫
1 chemise de flanelle.⎬ suivant les besoins,
1 taie d'oreiller......⎭
Linge de table pour les officiers.

Les ustensiles servant aux repas et les pots à tisane, vases de nuit, etc., seront en faïence pour les sous-officiers et soldats, et en porcelaine pour les officiers.

L'hospice mettra à la disposition des médecins militaires, selon les besoins du service, des sarraux et des tabliers pour leur usage particulier.

L'entretien, le renouvellement et les échanges périodiques et accidentels auront lieu aux époques et dans les conditions déterminées par le chapitre IV du titre VI du règlement sur le service de santé de l'armée.

II. — Matériel des locaux accessoires.

Le cabinet du médecin en chef sera pourvu d'une armoire fermant à clé pour contenir les boîtes d'instruments de chirurgie, et les livres, papiers, etc...; d'un placard pouvant servir de vestiaire; d'une table et de sièges convenables et en quantité suffisante.

Le poste du sous-officier de planton sera pourvu d'une table, d'une chaise et d'un fauteuil de garde de nuit.

Le vestiaire sera pourvu de casiers et d'étagères en nombre suffisant, pour recevoir le dépôt des effets des entrants, préalablement nettoyés et lavés avec soin.

Le corps de garde sera pourvu d'un lit de camp.

La salle de bains contiendra un nombre de baignoires suffisant pour le service des sous-officiers et soldats malades.

Un cabinet de bains séparé, pourvu du matériel nécessaire, sera spécialement affecté aux officiers.

Les autres locaux accessoires recevront un mobilier en rapport avec leur destination.

Chauffage et éclairage.

Art. 7. La température des salles et chambres de malades sera maintenue, suivant les besoins, au degré fixé par le médecin en chef. Le minimum de température sera de   (chiffre à déterminer pour chaque hospice eu égard aux conditions particulières du climat).

Un thermomètre sera placé dans chaque salle.

L'éclairage des salles sera assuré conformément au règlement.

Le cabinet du médecin en chef, la salle de garde et le poste du sous-officier de planton seront convenablement chauffés et éclairés.

Traitement des malades.

Art. 8. Les dispositions des règlements militaires concernant le service de garde, les soins hygiéniques et de propreté, le service religieux, seront appliquées, autant que possible, dans le service des salles militaires.

En ce qui concerne le service médical, l'alimentation et le régime pharmaceutique, les malades militaires seront traités conformément aux prescriptions du règlement sur le service de santé de l'armée.

Une marmite spéciale sera affectée à la confection du bouillon destiné aux malades militaires.

Personnel médical.

Art. 9. Nota.—Cet article concerne le service médical qui peut, d'après la circulaire du 13 octobre 1879, présenter trois cas particuliers; chacun d'eux a donné lieu à une rédaction spéciale indiquée ci-dessous. Il appartiendra au contrôle local de choisir celle des trois rédactions qui sera applicable à chaque hospice.

Première rédaction. — Le service médical sera accompli par les médecins militaires de la garnison.

Dans le cas où ces officiers de santé ne seraient plus en nombre suffisant pour assurer le service, ce nombre sera complété par les soins de l'administration militaire au moyen de médecins civils requis dans les conditions déterminées par le règlement sur le service de santé de l'armée.

L'administration de l'hospice restera étrangère à la désignation de ces médecins, mais elle en sera avisée.

Toutefois, si pour une cause définitive ou devant avoir une durée longue ou indéterminée, les médecins militaires faisaient défaut, la présente convention serait modifiée sur ce point, par application de l'article 7 de la loi selon les ressources disponibles du personnel militaire.

L'accès de l'amphithéâtre sera donné aux médecins militaires, pour l'accomplissement des autopsies, quand il y aura lieu.

Le médecin de garde recevra les vivres d'hôpital d'après le tarif alimentaire militaire et au taux de 4 portions d'officier.

Ces frais de nourriture seront remboursés à l'hospice et compris dans les dépenses diverses.

En cas d'insuffisance du nombre de médecins militaires, des médecins civils pourront être requis par le sous-intendant militaire pour assister les commissions de réforme, faire les contre-visites des malades proposés pour les eaux thermales, pour la retraite, la réforme, etc.

Deuxième rédaction. — Le service médical sera accompli, partie

Intercal.

par les médecins de l'hospice, partie par les médecins militaires de la garnison.

Si, accidentellement, le nombre des médecins militaires diminuait au point qu'il ne leur fût plus possible d'assurer la partie du service qui leur est attribuée, il serait suppléé à leur insuffisance par des médecins civils requis dans les conditions prescrites par le règlement sur le service de santé de l'armée.

Le service des salles sera réparti par division et par salle de malades, conformément au tableau ci-après :

DÉSIGNATION DES MÉDECINS (militaires et civils) (1).	DIVISIONS de MALADES.	INDICATION des SALLES.	OBSERVATIONS.
			(1) NOTA. — Les noms des médecins ne seront pas indiqués dans la convention.
	Fiévreux.....		
	Blessés......		
	Vénériens....		
	Détenus.....		
	Sous-officiers.		
	Officiers.....		

Les médecins civils de l'hospice seront dans leurs services complètement indépendants des médecins militaires et réciproquement.

Toutefois, les médecins civils participeront aux réunions périodiques ou accidentelles prévues par les règlements.

Si, pour une cause définitive, ou devant avoir une durée longue ou indéterminée, les médecins militaires faisaient complètement défaut, la présente convention serait modifiée sur ce point, par application de l'article 7 de la loi, et le service médical serait entièrement confié aux médecins civils de l'hospice.

L'accès de l'amphithéâtre sera donné aux médecins militaires, pour l'accomplissement des autopsies, quand il y aura lieu.

Troisième rédaction. — Le service médical sera fait par les médecins civils de l'hospice.

S'il y avait lieu de changer cette condition et de confier à des médecins militaires le service des salles militaires en totalité ou en partie, la présente convention serait modifiée sur ce point.

Dans ce dernier cas, l'accès de l'amphithéâtre sera donné aux médecins militaires, pour l'accomplissement des autopsies, quand il y aura lieu.

Servants et infirmiers.

Art. 10. Nota. — Le personnel de service pouvant être composé de deux manières différentes, il est établi deux types de rédaction des conditions qui les concernent.

Première rédaction. — Le personnel de service sera fourni par l'hospice à qui appartient le choix des sœurs de charité et des servants à affecter aux salles militaires, comme aux services généraux.

Le nombre des sœurs et des servants à attacher aux salles militaires est fixé à un servant pour 10 malades.

Un ou plusieurs servants seront affectés, suivant les besoins, au service des officiers.

Le personnel de service sera tenu de se conformer aux ordres des médecins militaires pour tout ce qui concerne l'exécution du service médical et l'hygiène des salles de malades.

Les services généraux et accessoires seront exécutés par un personnel suffisant pour que le service des malades soit largement assuré dans toutes ses parties.

Si les servants civils viennent à être remplacés par des infirmiers militaires, la présente convention sera préalablement modifiée dans la forme prescrite par le décret du 1er août 1879.

Deuxième rédaction. — Des infirmiers militaires au nombre de   dont   de visite seront attachés au service des salles militaires.

Les services généraux seront exécutés par le personnel civil de l'hospice.

Les infirmiers militaires seront logés (indiquer le local qui leur sera affecté).

Un bureau suffisamment meublé sera affecté au commandant du détachement.

Ils seront nourris suivant le tarif alimentaire qui leur est spécia., blanchis, éclairés et chauffés par les soins de l'hospice. La dépense qui en résultera sera comprise dans le prix de journée.

La solde et la prime de travail leur seront payées par les soins de l'administration militaire.

Nota. — Dans le cas où les allocations réglementaires ci-dessus indiquées, ne pourraient être attribuées aux infirmiers, le contrôle local déterminera, de concert avec la commission administrative, les conditions dans lesquelles il sera pourvu au logement et à la nourriture de ces militaires.

Si les infirmiers militaires viennent à être remplacés par des servants civils, la présente convention sera préalablement modifiée dans la forme prescrite par le décret du 1er août 1879.

Prix de journée.

Art. 11. L'hospice sera couvert de sa dépense par le paiement de journées de traitement évaluées suivant les allocations attribuées aux diverses catégories de malades, classées par nature de dépenses, conformément aux prescriptions de l'article 19 du décret du 1er août 1879 et spécifiées dans le tableau ci-après :

DÉSIGNATION DES CATÉGORIES DE MALADES.	NOURRITURE.	INDEMNITÉ LOCATIVE.	INDEMNITÉ pour le matériel.	FRAIS DIVERS (4° de l'article 19 du décret).	SERVANTS		PRIX DE JOURNÉE	
					civils.	infirmiers militaires.	en chiffres.	en toutes lettres.
Soldats et caporaux......								
Sous-officiers...........								
Officiers..............								
Officiers supérieurs......								

Sorties.

Art. 12. Il sera payé à l'hospice une somme de   pour les sous-officiers et soldats étrangers à la garnison sortant exceptionnellement de l'hospice, après avoir reçu le repas du matin.

Sépultures.

Art. 13. Les frais de sépultures seront remboursés à l'hospice d'après le tarif ci-après :

DÉSIGNATION DES CATÉGORIES DE DÉCÉDÉS.	SERVICE RELIGIEUX et pompe funéraire.	SUAIRE.	CERCUEIL.	CREUSEMENT de la fosse.	TRANSPORT au cimetière.	CROIX TOMBALE.	TOTAL	
							en chiffres.	en toutes lettres.
Soldats et caporaux......								
Sous-officiers								
Officiers								
Officiers supérieurs......								

L'hospice se conformera dans l'accomplissement du service des inhumations, à toutes les prescriptions réglementaires rappelées dans la circulaire du 13 octobre 1879.

Appareils prothétiques.

Art. 14. L'hospice s'engage à fournir les appareils prothétiques ordinaires qui pourront être achetés dans la localité ; ils lui seront remboursés aux prix de facture. Ils ne seront délivrés aux malades qu'après l'accomplissement des formalités réglementaires prescrites à ce sujet.

Fournitures de bureau des médecins.

Art. 15. L'hospice s'engage à délivrer aux médecins militaires les fournitures de bureau qui lui seront demandées. Ces demandes seront faites sous forme de bons du médecin militaire en chef. Le paiement en sera effectué trimestriellement sur la production d'une facture appuyée des bons.

Comptabilité.

Art. 16. Les registres réglementaires et la comptabilité seront tenus, et les comptes établis et produits par la commission administrative, conformément aux prescriptions réglementaires en vigueur.

L'administration de la guerre fournira gratuitement à l'hospice tous les registres et imprimés compris dans la nomenclature officielle, et se rapportant à l'exécution du service hospitalier et à l'établissement des comptes.

Les dépenses de reliure régulièrement autorisées par le contrôle local, seront remboursées à l'hospice, au titre des dépenses diverses.

Paiements.

Art. 17. Les paiements auront lieu par trimestre, au moyen de mandats délivrés par l'intendance militaire dans les conditions réglementaires au nom du receveur de l'hospice.

Frais de timbre et d'enregistrement de la convention.

Art. 18. L'enregistrement de la convention sera effectué *gratis*, en exécution de l'article 70, § 2, n° 1 de la loi du 22 frimaire an vii. Quant aux frais de timbre de la convention, ils seront avancés par la commission administrative de l'hospice et remboursés par le département de la guerre.

Durée de la convention.

Art. 19. La présente convention est passée pour une période de cinq ans, à partir de la date qui sera fixée par les Ministres de la guerre et de l'intérieur.

Elle est susceptible de révision dans les cas prévus par la loi du 7 juillet 1877 et le décret du 1er août 1879.

A défaut de dénonciation par l'une des parties contractantes six mois avant son expiration, la dite convention continuera à avoir son effet par tacite réconduction pour une nouvelle période de cinq ans.

Conditions particulières.

Art. 20. Nota. — Dans le cas où il y aurait lieu d'ajouter au cadre précédent quelques conditions spéciales, elles seraient énumérées dans cet article.

A   , le   18 .

Les Membres de la commission administrative,

Le Sous-Intendant militaire,

Approuvé :

Le Conseil municipal de la ville d   .

<table>
<tr><td align="center">Vu :
*Le Préfet du département
d*   ,</td><td align="center">Vu :
L'Intendant militaire du   ᵉ *corps
d'armée,*</td></tr>
</table>

Approuvé la présente convention pour avoir son effet à partir du   .

<table>
<tr><td align="center">*Le Ministre de la guerre,*</td><td align="center">*Le Ministre de l'intérieur,*</td></tr>
</table>

MODÈLE DE CONVENTION POUR LES HOSPICES PROPREMENT DITS.

° RÉGION DE CORPS D'ARMÉE.

HOSPICE D

CONVENTION.

Protocole.

L'an mil huit cent   , le

    Entre :

Le Ministre de la guerre stipulant au nom et pour le compte de l'Etat, et représenté par M.   sous-intendant militaire chargé du service des hôpitaux, d'une part,

Et la commission administrative de l'hospice, composée de MM.

                                d'autre part ;

Vu la loi du 7 juillet 1877 relative à l'organisation des services hospitaliers de l'armée ;

Vu le décret du 1er août 1879 portant règlement d'administration publique pour l'exécution de ladite loi ;

Vu les circulaires explicatives des Ministres de la guerre et de l'intérieur en date des 13 et 15 octobre 1879 ;

Vu le décret du 3 février 1880, relatif à la division des hospices en deux catégories ;

Vu le règlement sur le service de santé de l'armée ;

Il a été convenu et arrêté ce qui suit :

Classification de l'hospice.

Art. 1er. L'hospice d   est classé dans la catégorie des hospices proprement dits, en vertu du décret du 3 février 1880, relatif à la division des hospices en deux catégories.

Obligation de recevoir et de traiter les malades.

Art. 2. L'hospice s'engage à recevoir les militaires malades appartenant à la garnison, de passage ou évacués, ainsi que les autres catégories de malades déterminées par le règlement sur le service de santé de l'armée, dans les proportions et aux conditions déterminées ci-après, et quelle que soit la nature de leur maladie.

Toutefois, les militaires donnant des signes d'aliénation mentale, ne sont reçus qu'à titre de mise en observation, leur évacuation sur un asile spécial devant être effectuée, s'il y a lieu, dès que l'état du malade est suffisamment constaté.

Nombre de lits à affecter aux malades militaires.

Art. 3. Le nombre des lits à mettre à la disposition de l'administration de la guerre est fixé, savoir :

1° A   lits pour les sous-officiers, caporaux, brigadiers et soldats ;

2° A   lits pour les officiers.

Placement des malades dans les salles.

Art. 4. 1re *rédaction du premier paragraphe.* — Les malades sous-officiers, caporaux et soldats seront traités dans des salles distinctes de celles des malades civils.

2e *Rédaction du premier paragraphe.* (En cas d'impossibilité absolue d'application de la première.) — Les malades militaires seront traités dans les mêmes salles qne les malades civils et groupés dans ces salles, s'il est possible, par catégories de maladies (fiévreux, blessés, vénériens.)

Les officiers seront traités dans une chambre spécialement affectée à leur usage.

Les malades atteints de maladies contagieuses et d'ophtalmie seront traités dans les salles réservées au traitement de ces maladies.

L'espacement entre les lits et le nombre de mètres cubes d'air à attribuer à chaque malade rempliront au minimum les conditions imposées par l'article 650 du règlement sur le service de santé de l'armée.

Matériel.

Art. 5. Le matériel comprendra pour chaque malade militaire, savoir :

1° *Mobilier.*

1 lit en fer.
1 paillasse ou 1 sommier élastique,
1 matelas.
1 traversin.
2 couvertures de laine,
1 table de nuit,
1 descente de lit,
1 planchette pour le repas,

1 planchette pour le billet de salle,
1 oreiller suivant les besoins,
Accessoires nécessaires aux besoins divers du malade.

2º *Vêtements.*

1 capote en drap beige, ou d'autre nuance grise ou foncée,
1 pantalon en drap beige, ou d'autre nuance grise ou foncée,
1 paire de pantoufles.

Les capotes remises aux sous-officiers, caporaux et brigadiers seront munies d'un signe distinctif de grade.

Les vêtements alloués aux officiers seront de même nature; mais ils seront distincts et ne serviront qu'à leur usage.

Les vêtements seront en drap bleu foncé et de qualité supérieure à celui employé pour les soldats.

3º *Lingerie.*

1 bonnet de coton,
1 chemise,
1 cravate,
1 caleçon,
1 paire de chaussettes de laine,
1 mouchoir de poche,
1 paire de draps de lit,
1 serviette de toilette,
1 petit sac de lit,
1 gilet de flanelle...
1 chemise de flanelle. } suivant les besoins,
1 taie d'oreiller.....
Linge de table pour les officiers.

L'entretien, le renouvellement et les échanges périodiques et accidentels auront lieu aux époques et dans les conditions déterminées par le chapitre IV du titre VI du règlement sur le service de santé de l'armée.

Chauffage et éclairage.

Art. 6. La température des salles et chambres de malades sera maintenue, suivant les besoins, au degré fixé par le médecin en chef. Le minimum de température sera de   (chiffre à déterminer pour chaque hospice eu égard aux conditions particulières du climat).

Un thermomètre sera placé dans chacune de ces salles.

L'éclairage des salles sera convenablement assuré.

Traitement des malades.

Art. 7. Les malades militaires sont soumis au régime général de l'hospice. Toutefois, il leur sera fait, autant que possible, application des dispositions des règlements militaires, en ce qui concerne les soins hygiéniques et de propreté et le service religieux.

Personnel médical.

Art. 8. Les malades militaires seront soignés par les médecins civils attachés à l'hospice.

Les médecins militaires de la garnison auront le droit de les visiter, sans pouvoir, sous aucun prétexte, s'immiscer dans le traitement ni donner aucun ordre dans le service.

Servants.

Art. 9. Le service des malades militaires sera assuré par un personnel choisi par la commission administrative de l'hospice et en nombre suffisant pour satisfaire convenablement à tous leurs besoins.

Prix de journée.

Art. 10. L'hospice sera couvert de sa dépense par le paiement de journées de traitement fixées ainsi qu'il suit :

Soldats et caporaux..................
Sous-officiers......................
Officiers...........................
Officiers supérieurs................

(Indiquer les prix en chiffres et en toutes lettres.)

Sorties.

Art. 11. Il sera payé à l'hospice une somme de   pour les sous-officiers et soldats étrangers à la garnison sortant exceptionnellement de l'hospice, après avoir reçu le repas du matin.

Sépultures.

Art. 12. Les frais de sépultures seront remboursés à l'hospice d'après le tarif ci-après :

DÉSIGNATION DES CATÉGORIES DE DÉCÉDÉS.	SERVICE RELIGIEUX et pompe funéraire.	SUAIRE.	CERCUEIL.	CREUSEMENT de la fosse.	TRANSPORT au cimetière.	CROIX TOMBALE.	TOTAL en chiffres.	en toutes lettres.
Soldats et caporaux......								
Sous-officiers............								
Officiers								
Officiers supérieurs......								

L'hospice se conformera dans l'accomplissement du service des inhumations, à toutes les prescriptions réglementaires rappelées dans la circulaire du 13 octobre 1879.

Appareils prothétiques.

Art. 13. L'hospice s'engage à fournir les appareils prothétiques ordinaires qui pourront être achetés dans la localité : ils lui seront remboursés aux prix de facture. Ils ne seront délivrés aux malades qu'après l'accomplissement des formalités réglementaires prescrites à ce sujet.

Comptabilité.

Art. 14. Les registres réglementaires et la comptabilité seront tenus et les comptes établis et produits par la commission administrative, conformément aux prescriptions réglementaires en vigueur.

L'administration de la guerre fournira gratuitement à l'hospice tous les registres et imprimés compris dans la nomenclature officielle, et se rapportant à l'exécution du service hospitalier et à l'établissement des comptes.

Les dépenses de reliure régulièrement autorisées par le contrôle local, seront remboursées à l'hospice au titre des dépenses diverses.

Paiements.

Art. 15. Les paiements auront lieu par trimestre, au moyen de mandats délivrés par l'intendance militaire dans les conditions réglementaires au nom du receveur de l'hospice.

Frais de timbre et d'enregistrement de la convention.

Art. 16. L'enregistrement de la convention sera effectué *gratis*, en exécution de l'article 70, § 2, n° 1 de la loi du 22 frimaire an VII. Quant aux frais de timbre de la convention, ils seront avancés par la commission administrative de l'hospice et remboursés par le département de la guerre.

Durée de la convention.

Art. 17. La présente convention est passée pour une période de cinq ans, à partir de la date qui sera fixée par les Ministres de la guerre et de l'intérieur.

Elle est susceptible de révision dans les cas prévus par la loi du 7 juillet 1877 et le décret du 1er août 1879.

A défaut de dénonciation par l'une des parties contractantes, six mois avant son expiration, la dite convention continuera à avoir son effet par tacite reconduction pour une nouvelle période de cinq ans.

Conditions particulières.

Art. 18. Nota.— Dans le cas où il y aurait lieu d'ajouter au cadre précédent quelques conditions spéciales, elles seraient énumérées dans cet article.

A   , le   18   .

Les Membres de la commission administrative,

Le Sous-Intendant militaire,

Approuvé .

Le Conseil municipal de la ville d   ,

Vu :   Vu :
Le Préfet du département   *L'Intendant militaire du*   e *corps*
d   ,   *d'armée,*

Approuvé la présente convention pour avoir son effet à partir du   .

Le Ministre de la guerre,   *Le Ministre de l'Intérieur,*

MODÈLE DE CONVENTION POUR LES HOSPICES NON SITUÉS DANS DES VILLES DE GARNISON.

° RÉGION DE CORPS D'ARMÉE.

HOSPICE D

CONVENTION.

Protocole.

L'an mil huit cent   , le

   Entre :

Le Ministre de la guerre stipulant au nom et pour le compte de l'Etat, et représenté par M.   , sous-intendant militaire chargé du service des hôpitaux, d'une part,

Et la commission administrative de l'hospice, composée de MM.   d'autre part ;

Vu la loi du 7 juillet 1877 relative à l'organisation des services hospitaliers de l'armée ;

Vu le décret du 1er août 1879 portant règlement d'administration publique pour l'exécution de ladite loi ;

Vu les circulaires explicatives des Ministres de la guerre et de l'intérieur en date des 13 et 15 octobre 1879 ;

Vu le règlement sur le service de santé de l'armée ;

Il a été convenu et arrêté ce qui suit :

Obligation de recevoir et de traiter les malades.

Art. 1er. L'hospice s'engage à recevoir les militaires malades, de passage ou évacués, ainsi que les autres catégories de malades déterminées par le règlement sur le service de santé de l'armée, aux conditions déterminées ci-après, et quelle que soit la nature de leur maladie.

Toutefois, cette obligation est limitée aux ressources disponibles de l'hospice.

Placement et traitement des malades.

Art. 2. Les malades militaires seront placés dans les meilleures

conditions que permettront les ressources de l'hospice, de manière
que leur traitement se rapproche le plus possible de celui en usage
dans les hospices des villes de garnison.

Les officiers seront placés dans une salle spéciale convenablement installée, et recevront un traitement en rapport avec leur
position.

Personnel médical.

Art. 3. Les malades militaires seront soignés par les médecins
civils attachés à l'hospice.

Matériel.

Art. 4. Le matériel affecté aux malades militaires (sous-officiers
et soldats) sera le même que celui employé pour les autres malades.
La commission administrative de l'hospice s'engage à assurer les
échanges de linge de corps et de literie, chaque fois que la néces-
sité en sera reconnue par le médecin traitant et aux époques périodiques ci-après :

(Indiquer ces époques dans la convention.)

Le matériel destiné au traitement des officiers remplira des conditions convenables de qualité et d'entretien.

Surveillance et contrôle du service.

Art. 5. Les malades militaires restent soumis aux règles ordinaires concernant la discipline intérieure, la surveillance et le
contrôle du service des hôpitaux militaires.

La commission administrative accepte l'application à l'hospice
de celles de ces règles qui concernent le service général.

Prix de journée.

Art. 6. L'hospice sera couvert de ses dépenses par le paiement
de journées de traitement fixées ainsi qu'il suit :

Soldats et caporaux.. . . . .
Sous-officiers. . . . .
Officiers.. . . . .
Officiers supérieurs.. . . . .
(Indiquer les prix en chiffres et en toutes lettres.)

Sorties.

Art. 7. Il sera payé à l'hospice une somme de
pour les sous-officiers et soldats sortant exceptionnellement de
l'hospice, après avoir reçu le repas du matin.

Sépultures.

Art. 8. Les frais de sépultures seront remboursés à l'hospice
d'après le tarif ci-après :

DESIGNATION DES CATÉGORIES DE DÉCÉDÉS.	SERVICE RELIGIEUX et pompe funéraire.	SUAIRE.	CERCUEIL.	CREUSEMENT de la fosse.	TRANSPORT au cimetière.	CROIX TOMBALE.	TOTAL. en chiffres.	en toutes lettres.
Soldats et caporaux								
Sous-officiers								
Officiers................								
Officiers supérieurs								

Appareils prothétiques.

Art. 9. L'hospice s'engage à fournir les appareils prothétiques ordinaires qui pourront être achetés dans la localité ; ils lui seront remboursés aux prix de facture. Ils ne seront délivrés aux malades qu'après l'accomplissement des formalités réglementaires prescrites à ce sujet.

Comptabilité.

Art. 10. Les registres réglementaires et la comptabilité seront tenus, et les comptes établis et produits par la commission administrative, conformément aux prescriptions réglementaires en vigueur.

L'administration de la guerre fournira gratuitement à l'hospice tous les registres et imprimés compris dans la nomenclature officielle, et se rapportant à l'exécution du service hospitalier et à l'établissement des comptes.

Les dépenses de reliure régulièrement autorisées par le contrôle local, seront remboursées à l'hospice au titre des dépenses diverses.

Paiement.

Art. 11. Les paiements auront lieu par trimestre, au moyen de mandats délivrés par l'intendance militaire dans les conditions réglementaires, au nom du receveur de l'hospice.

Frais de timbre et d'enregistrement de la convention.

Art. 12. L'enregistrement de la convention sera effectué *gratis*, en exécution de l'article 70, § 2, n° 1 de la loi du 22 frimaire an VII. Quant aux frais de timbre de la convention, ils seront avancés par la commission administrative de l'hospice et remboursés par le département de la guerre.

Durée de la convention.

Art. 13. La présente convention est passée pour une période de cinq ans, à partir de la date qui sera fixée par les Ministres de la guerre et de l'intérieur.

Elle est susceptible de révision dans les cas prévus par la loi du 7 juillet 1877 et le décret du 1er août 1879.

A défaut de dénonciation par l'une des parties contractantes, six mois avant son expiration, la dite convention continuera-à avoir son effet par tacite réconduction pour une nouvelle période de cinq ans.

Conditions particulières.

Art. 14. Nota. — Dans le cas où il y aurait lieu d'ajouter au cadre précédent quelques conditions spéciales, elles seraient énumérées dans cet article.

A   , le   18 .

Les Membres de la commission administrative,

Le Sous-Intendant militaire,

Approuvé :
Le Conseil municipal de la ville d   ,

<table>
<tr><td>Vu :
Le Préfet du département
d   ,</td><td>Vu :
L'Intendant militaire du e *corps*
d'armée,</td></tr>
</table>

Approuvé_la présente convention pour avoir son effet à partir du   .

<table>
<tr><td>*Le Ministre de la guerre,*</td><td>*Le Ministre de l'intérieur,*</td></tr>
</table>

Collationné :
Le Chef du bureau des Archives,
H. Hennet.

Vu :
Le Sous-Directeur,
A. de Mamony.

Certifié conforme :
Paris, le 5 août 1880.
Le Directeur du Contrôle
et de la Comptabilité de la guerre,
E. de Panafieu.

Paris. — Imprimerie J. Dumaine, rue Christine, 2.

PARIS. — IMPRIMERIE J. DUMAINE, RUE CHRISTINE, 2.